Kolofon
©Mathias Jansson (2018)
"Mjärden – att meta i diktens hav "
ISBN: 978-91-86915-38-4

Utgiven av:

 "jag behöver inget förlag"
c/o Mathias Jansson
Tvärvägen 23
232 52 Åkarp
http://mathiasjansson72.blogspot.se/

Tryckt: Lulu.com

Mjärden

Ekan glider nytjärad
över vattenytan
från relingen glider
mjärden ner i djupet

sjögräset vajar
längs fören
årorna droppar
klykan gnisslar

kölen sjunker ner
i den mjuka stranden.

*

Som en brant klippa
en ensam ö
reser sig stenen
ur vattnet

en rostig järnring
berättar om en gammal
civilisation
som en gång i tiden
besökte platsen

nu ligger platsen öde
det är bara måsen
som återvänder varje år
för att bygga sitt rede.

*

Underströmmar får stocken
att långsamt röra sig
på den spegelblanka älven

himlen speglar sina vita
dammtussar
i vattnet

sakta glider molnen
i motsatt riktning.

*

Vid stranden
ligger en barkbit
och skvalpar
slits
mellan strand och ocean

under kniven
formas konturen
av båten
en måsfjäder
ger vind
i seglen

sakta börjar färden
mot havet.

*

Jag söker efter stenen
den perfekta formen
balanserad
ligger den rätt i handen

en platt sten
mjuk och rund i kanten
skapad att trotsa
tyngdkraften

stenen som håller sig flytande
ett kort ögonblick
svävande över vattenytan
efter att den har lämnat handen.

*

Kvällsvinden för med sig
musiken över älven
det är dragspelstoner
från en brygga
som blandas
med det mjuka rasslet
från nyutslagna björklöv.

*

Månskenet ligger och skvalpar
mot stenen

en sista kvällsvind
får vassen
att oroligt vända sig

ekan vid stranden
guppar till
innan den lägger sig
till ro.

*

Ett vitt segel
svävar spöklikt
på månskensstrimman

uppe på himlen
flyter en stor gul skiva
över Ångermanälven

ett lågt mummel
hörs från båten
otydliga ord

klirret av glasflaskor
som stöter ihop
och sedan
en total tystnad.

*

Ivrigt skyndar sig
vågorna över vattenytan
krockar
mitt framför mina fötter
växer i storlek
stänker ner stenen.

*

Skogen håller andan
står stilla
med sina tunga grenar
hängande längs sidorna

tjärnens mörker
stirrar tyst på mig
väntar
på det första steget

försiktigt
prövande
sätter jag ner foten
på vattenytan

ytspänningen buktar
under tyngden
men håller

sakta börjar jag vandra
bort mot näckrosbladet.

*

Över älven svävar månskenet
ett glittrande stråk
som rör sig längs vågorna
medan en svart skugga
glider över ytan

plötsligt smäller det till
en vattenkaskad bryter ytan
och skuggan försvinner
från min syn

men dyker snart upp igen
när bävern simmar vidare
på sin upptäcktsfärd.

*

Över gräsmattan
kommer han hoppande
lägger huvudet på sne
blinkar med ögonen
en svartvit snyltgäst
på besök

bortvänd en sekund
vågar han språnget
upp på middagsbordet
stjäl en bit bröd
och är snart borta

från björktoppen
hör vi hans hånskratt.

*

Sömnigt surrande
söker humlan
efter en blomsterö
på gräsmattans gröna hav

i rosens röda brunn
brummar den förnöjd
vältrar hela i kroppen
i blomstermjöl

vinglar berusad vidare
på sin upptäcksfärd
försöker hitta ingången
till sitt trygga bo
försvinner ner i ett hål
under altanen

sakta dör surret bort
men väntan blir kort
innan en ny humla
brummande dyker upp.

*

Har länge tänkt
att jag ska plocka ner
TV-antennen

allting går via fiber idag
men var ska då
koltrasten sitta
och sjunga för mig?

*

Sommarfågel, sommarfågel
dina vingar vilar
över oregano och timjan
solens strålar speglar sig
på dina färggranna vingar
utvilad lyfter du
över örternas doftande hav
slår med dina vingar
lätta slag
fyller mitt hjärta
med välbehag.

*

Som ett trollslag
dyker du upp
hänger i luften
och stirrar
som ett streck
med osynliga
dubbel vibrerande vingar
och så är du borta

plötsligt ser jag
att det glänser till
nere vid trädgårdsgrinden
det är trollsländan
som står stilla i solen
och glimmar.

*

Jag sitter på altanen
ser rakt upp i den klarblå himlen
två svarta siluetter
cirkulerar ovanför mitt huvud

lekfullt jagar svalorna
insekterna
seglar fria
på den spegelblanka
evigheten.

*

Sent på kvällen
prasslar det i snåren
en snörvlande skugga
stövlar in i trädgården

den fuktiga svarta nosen
vädrar i luften
bökar i marken
slukar hungrigt masken
gömd i den mörka fukten

traskar obekymrat vidare
på korta ben
genom de täta snåren
vidare in till grannen
på sin kvällspromenad.

*

Den svartvita stjärten
rastlös vickande
tickande
väntande
innan den snabbt springande
trippar över
den heta asfalten
och fångar insekten.

*

Ångan avslöjar dig
ett vitt moln
stiger ur mulen
en rökdimma
i skogsbrynet
där myren möter fast mark

bland höstens
bruna och gula nyanser
smälter du in
står osynlig
och dåsar.

*

Kraxande grå
av ålder och väder
sitter du på din gren
högst upp i torrgranens topp

kraxar din klagosång
över skogen och älven
flyger sen iväg
kanske hem?
men jag vet
att du kommer igen.

*

Meta i diktens hav

Poeten satt och metade
vers ur lyrikens djup
väntade på den stora inspirationen
medan kroken dinglade
tom i evigheten.

*

Han skrev mest metapoesi
om flöten, krokar och sänken
om bambuspön och teleskopspön av kolfiber
om mörtar, sikar, och braxar
och en och annan abborre
han tyckte det var ganska fridfullt
att sitta bakom flötet
och dikta.

*

Ute på gröningen
står ett stort lönnträd
det ser på mig
med sina stora gröna ögon
viskar i vinden
mina minnen

när jag blir gammal
ska jag samla
höstens färgrika blad
och binda mig en biografi.

*

I Facebookflödet
strömmar dina drömmar
bland tusen vänner
och bekanta
men när du faller och snavar
är det någon
som räcker ut handen
och svarar?

*

På tangentbordets bokstavshav
skvalpar bokstäverna omkring
livlösa efter förlisningen
jag försöker rädda några
från undergången
gör ett desperat försök
att väcka dem till liv

livlösa blir de hängande
på skärmen
jag känner hur de dör
under mina fingrar
det skulle behövas en ordstartare
en kraftig impuls av inspiration
för att rädda dem.

*

I mitt ordbehandlingsprogram
tar jag fram
mina kärleksdikter
trycker CTRL+H
och ersätter ditt namn
med någon annans.

*

Du är inte som andra
ur din mun strömmar poesi
och din verklighet är fantasi
du säger inte att du älskar mig
utan att du förstår mig

du sitter tyst i dagar
och skriver för hand
skrattar för dig själv ibland
men när jag tittar i din skrivbok
är alla bladen blanka
och jag förstår
att orden inte är tillräckliga
för dina tankar.

*

Skräcken man känner
när persiennernas ränder
i solnedgångens bränder
sträcker ut sina skugghänder
blottar sina vassa tänder
och spelar upp på väggen
ett skrämmande skådespel
från fasansfulla fantasiländer.

*

Jag stiger ombord
vinden fyller seglen
vågorna skvalpar
mot båtens skrov
där svärtan satt
skeppets namn
evig natt.

*

En kärleksdikt
är som sommarens
första myggstick
den håller dig vaken
hela natten.

*

Här kommer en poet
med några ord på hjärtat
en hopskrynklad dikt i fickan
och stora tankar på banken
som ett hur, när och varför
några stulna strofer
slinker med av bara farten
som ett moln i byxor
och krossa bokstäverna mellan tänderna

varenda stavelse i min dikt
har jag stulit ur alfabetet
men annars
det svär jag
är allt äkta.

*

Kvantpoesin den är alltid genial
den bär på alla vackra
och tänkvärda strofer
den äger oändliga framtidsscenarier
till framgång och succé
ändå tills någon läser den
då den av alla
möjliga kombinationer
väljer att bli medelmåttig
eller i värsta fall usel.

*

Till Åke Hodell

Poeten fastnade i tangenten
medan bokstäverna skuttade iväg
över sidorna
tänkte han att det vore genialt
att kunna skriva en dikt
med bara sex bokstäver
så när han slutligen fick loss fingret
skrev han ned gevär.

*

Periferins poet
skriver längs arkets kanter
rädd för att beträda
tankens kända marker.

*

På fönsterblecket
ligger stillheten och solar sig
fönsterseglet är uppställt
för att fånga in
kvällens första svalka

poeten sitter vid sin dator
när en droppe svett
faller ur hans panna
skapar ringar på tangentbordshavet
och kortsluter alltsamman.

*

Mellan raderna
finns diktens kärna
i det osynliga
outtalade
hittar du det sanna
fick jag lära mig på universitet

så numera använder jag alltid
dubbla radavstånd
för att förvirra
mina kritiker.

*

De dödas berättelser lever vidare
en slingrande skrift av spiraler
som ringlat sig
genom släktens historia
vi levande bär deras tecken
ristade i våra blodsböcker.

*

På kvällen öppnar jag buren
låter orden flyga fritt
i mitt sovrum
långt in på natten
kan jag höra
hur det sitter och kvittrar

i gryningen återvänder de till buren
trötta sitter de och sover
när jag stänger grinden.

*

En varm sommarkväll
går en skugga förbi
utanför trädgårdsgrinden
det är Döden med sin hund

en kall vind drar förbi
men han vill inget illa
bara påminna dig
om att ögonblicket
aldrig står stilla.

*

Alla bokstäverna är redan använda
utslitna och dammiga
hänger de på raderna
som utslitna klichéer
och uråldriga uttryck

man skulle behöva
uppfinna nya tecken
för att skildra världen
som den verkligen är.

*

Att skriva poesi
är som att singla slant
men det handlar
inte om krona eller klave
utan att få den
att hamna på högkant.

*

Tystnad råder
tangentbordet är ljudlöst
bara telepatisk poesi
är tillåten
den sprider sig längs vågorna
i den eviga etern
lyssnar man nog
kan man urskilja
en pulserande kod
ett hjärta som slår.

*

Han hade inget att säga
så han fick väl säga det
men när det väl var sagt
så var ju något ändå sagt
vilket krävde sin förklaring
så han blev tvungen att säga
att det inte hade varit hans mening
att framstå som om han var en av dem
som hade något att säga.

*

I en mörk tjärn
sitter döden i sin eka
och metar
han använder som bete
en bit evighet.

*

Jag hängde min dikt i skogen
som ett löv darrade den i vinden
en solblek kopia med krumelurer
bland tusen perfekta skimrande blad
i den kreativa naturen

jag la min dikt på stranden
bland stenarna i vågsvallet
som snabbt sköljde bort orden
tvättade den ren av det eviga havet
som sträcker sig runt jorden

jag kastade min dikt upp mot stjärnorna
den föll genast till marken
betraktades tyst av det eviga
som en obetydlig skärva i det oändliga
resignerat la jag ner min penna
inför naturens stämma
för vem kan tävla
mot det eviga, sanna och oändliga?

*

I varje ordbok, lexikon och uppslagsbok
sökte jag efter ett ord
för att beskriva dig
men alla ord var för vaga och svaga
så jag googlade
genom nätets alla databaser
men fann fortfarande inget ord
som kunde beskriva dig

till slut hittade jag
i ett dammigt arkiv
ett vykort från Paris
med några nedklottrad ord
som passade in på dig
min sällsynt säregna syster.

*

Livet är som ett citat
någon verkar redan
ha sagt det
för vissa är det visdom
av stora män och kvinnor
för andra
mer som toalettklotter.

*

Man gör sitt bästa
men det är ingen hemlighet
man förmår inte bättre
än sin medelmåttighet
man trampar omkring
i mellanmjölksträsket
i en beige kostym
alltid på väg till jobbet
eller hem till sin ensamhet

så är det väl med det mesta
här i livet
inget får man gratis
eller kan ta för givet
men det är väl som Kjell Höglund sjunger
man vänjer sig.

*

Det blev inget skrivet idag
min dikt blev aldrig klar
ett chattfönster störde min koncentration
sedan en pushnyhet
som gjorde att jag
fördjupade mig i en kändisskandal
ett pling med ett mail
med semesteräventyr till reapris
och jag seglade iväg
på bokningssajternas ocean
en gullig kattvideo och andra djur
dök upp i mitt Facebook-flöde
och sedan var den dagen över.

*

På fredag är man
som en gammal Windows maskin
slut på minne
och alldeles för många processorer
som kör i bakgrunden
då är det enda som återstår
är en omstart.

*

Han ville inte förhäva sig
eller göra sig till
med sina små dikter

när han hade bokstaverat
orden med svaga blyertsbokstäver
på det linjerade pappret
tog han suddgummit
och suddade ut allt noggrant
för inte skulle han
lämna några spår efter sig
till eftervärlden.

*

Snavade på alfabetet
trasslade in mig i orden
nu står jag här igen
med tilltufsade meningar.

*

Jag gick i en skog
fylld med döda dikter
skrynkliga och bleka
hängde de livlösa
från trädens snaror

någon berättade
sen för mig
att det var kärleksdikter
som aldrig blivit lästa.

*

I en låda på köksbordet
ligger papperslappar med ord
utrivna ur tidningar
böcker och anteckningsblock

på den blekta vaxduken
mellan brödsmulorna
och den bruna ringen
från kaffekoppen
lägger han ett pussel
av skrynkliga ord
det är nämligen utanför boxen
som han skapar sina dikter.

*

I den strömmande vinden
virvlar bladen fulla med dikter
det är höstens bikter
som faller i skymningen

dikter om sommar och sol
om gröna blad
om fågelbon
som nu fladdrar omkring
och landar
i en hög vid min grind.

*

Efter dagar av tomhet
blanka vita papper
flödar poesin igen

det är som en propp
har ryckts loss
fantasin och inspiration
porlar fritt över pappret

men efter några dagar
börjar strömmen sina
torkan gör sig påmind
pennan ligger stilla
väntande på en ny inspiration.

*

Mina åtta spindelfingrar
spinner en ordväv
över skärmen

sedan väntar jag i mörkret
på att tummarna
ska dyka upp

*

På skärmen
fastnar fingeravtrycken
från framtidens läsare

små svett och hudavlagringar
som skapar mönster
en skrift i DNA

när jag kodar av deras tecken
ser jag inte bara deras liv
utan också en berättelse
om deras släkter .

*

Berättelsen är fångad
i textens ramar
begränsad av ordbokens färger

fantasin är inte fri
utan fångad i sin rymd
utanför finns en evighet
som jag inte når

utrymme är begränsat
kombinationerna ändliga
för hur jag än vrider
kommer inga nya dimensioner
ur min poesi.

*

Som svarta maskar
krälar orden i min hand
med sina blodiga käftar
sliter de köttstycken
ur mitt pulserande hjärta

med mitt kött
ska jag agna mitt spö
kasta kroken ut i evigheten
för att försöka fånga
mig en mening.

*

På tvättlinan
hängde han några
nytvättade blad
de luktade sköljmedel
med äppedoft och sommar

när det hade torkat
skulle han binda dem
till en bok
om barndomens historier.

*

Mina papper
är fyllda av kråkfötter
slumpvisa tecken
som jag inte förstår

från skrivbordet
droppar bläcket
som blod
ner på golvet

jag skulle inte
ha lämnat fönstret öppet
för nu sitter korpen
på bysten av Poe
och kraxar Nevermore!

*

Minnenas gravstenar
har vittrat
de står kvar
men har glömt
sina historier

handen följer
den skrovliga ytan
en känsla av saknad
är allt som finns kvar.

*

Orden tar aldrig slut
de fyller aldrig
universums tomrum

de är livets salt
som väcker törsten
inom mig
inte ens havet släcker
det begär som brinner
på pappret framför mig.

*

Jag återvänder
till vår poetiska domän
minns dina dikter
som fängslade
och förförde mig

jag återvänder
med förhoppning
att dina dikter
fortfarande ska finnas kvar
i cyberrymdens mörker

om jag bara kunde minns
ditt användarnamn.

*

Träden gråter löv
vinden omfamnar mig
skogen sveper höstrocken
tätt omkring mig

det står skrivet höst
med guld och rött
på den grå himlen.

*

Pennspetsen trängde igenom huden
lämnade en mörk fläck av bläck
på fingerspetsen

när jag vaknade på morgonen
hade en mörk strimma
redan börjat
letat sig fram på armen
under dagen formade sig
de första bokstäverna
förgrenade sig
och bildade ord

snart var min kropp täckt av texter
en berättelse
som slingrade sig mystiskt
mot mitt hjärta

jag befarar att
när den sista punkten
skrivs
är allt slut
och suddas ut.

*

Jag tömmer mina skrivbordslådor
golvet täcks av dikter
sorterar upp dem
i två högar
geniala och galna
bränner de geniala
behåller den galna
den galna är osynlig
och ganska kort
består bara av en punkt
ett knappnålshål
så jag kan sätta
upp den på väggen
och beundra
när jag ligger i sängen.

*

Om några miljarder år
slocknar solen
men innan dess har alla dikter publicerats
alla berättelser berättats
och alla sagor fått
ett lyckligt slut

*

Ibland räcker orden inte till
de tar bara plötsligt slut
mitt i en mening...

*

Mina fingrar slingrar sig
genom ornamentikens alfabet
i anteckningsblockets trädgård
växer växter på sällsynta språk
som murmaniska
persienniska
gulditiska
och moränska

varje stavelse är en fjäril
och alla ord
färgsprakande blommor
som doftar som dig.

*

Alla punkter jag satt
i slutet av berättelserna
är flugskitar
på den vita fönsterkarmen
ut mot evigheten

orden har för länge sedan
torkats bort
av minnets surluktande disktrasa
vridits ur och försvunnit
ner i glömskans diskho

med nageln försöker jag
rädda den sista punkten
och klistra in den
i min anteckningsbok

men den vägra fästa sig på sidan
glider ner på golvet
och slukas av dammet.

*

Hårddisken vaknar ur sin dvala
hummar dovt i mörkret
nätverkskortets gröna diod blinkar stadigt
överföringen har börjat...

genom cyberrymdens ljusdistanser
skickas ett paket - avsändare okänd
det ligger trojanskt och väntar
på mitt skrivbord
ett musklick från uppackning
i morgonens stressade felbeslut
uppdatering pågår...

över mina minnen
skrivs tomma block
korrupta strängar
krypterade lås
läggs runt mina filer

familjebilderna bildar ett glitchverk
ett lapptäckte av kubistisk konst
mina dikter blir oläsliga tecken
dadaistiska kollage
mina mail kryptiska fragment
av krossade algoritmer

datorns digitala demens
sprider sig under mina händer
mina lösenord kommer inte längre ihåg mig
min bankidentitet är kapad
mitt digitala jag
är en fragmenterad skugga

och någonstans på en rysk server
hotar min skapare
med att skicka
den slutgiltiga formateringen
utplåningen av alla mina sociala konton.

*

Fingret rör sig över skärmen
linjer sammanbinds
till magiska symboler
digitala runor och hieroglyfer
osynliga streck avtecknar sig
på skärmen
stannar kvar som ett osynligt spår
av fett, DNA och fingeravtryck
och så Sesam öppna dig
den tunna verkligheten glider åt sidan
jag passerar det tunna membranet
och stiger ner i Narcissus spegelvärld.

*

Jag förstår inte mina barn
de talar främmande språk
Simlish, tweetiska och emojiska
de skickar kryptiska meddelanden
med okända förkortningar
AFK, BRB, TMI, NUB
grammatiska felaktiga språkkonstruktioner
till kulturella referenser jag inte förstår
All your base are belong to us
Can I has cheezburger?
men, vi åt ju alldeles nyss?
mitt frågande blir stående
i en digital dialog
i whatsapp, snapapp, kikapp
och alla andra appar
som jag inte förstår mig på.

*

Livet är lager på lager på lager
som mappar på ditt skrivbord
som innehåller mappar
som innehåller mappar
som innehåller mappar
ända ner till hårddiskens nollor

förgäves letar du i papperskorgen
efter den slutgiltiga versionen
det borttappade kalkylbladet
med livets uträkningar
men allt du hittar är temporära filer
ofullständigt återskapade utkast
av alla din förkastade versioner.

*

Ljuset sökte sig
över havets spegel
lockade till sig
kunskapens insekter
som talade alla språk
från världens alla hörn

de flög och krälade
de fastnade
på flugpappren
som hängde i träden

rullade i travar
ligger de nu och väntar
längs väggarna
som stela puppor
darrande med feberdrömmar
drömmande om att en gång födas
som fria fjärilar.

*

www.ingramcontent.com/pod-product-compliance
Lightning Source LLC
Chambersburg PA
CBHW030310030426
42337CB00012B/658